Published by Alisa Kanti
First edition, September 2019
Second edition, March 2020
Design: Atelier Ô Paris
ISBN : 9798670860789

Previous Book:
You Touched me Deeply, February 2019,
edition exhausted
You Touched me Deeply, Second Edition,
January 2020
Mariposas sobre tus labios, December 2019

kantialisa@gmail.com
www.alisakanti.com

© 2019 Alisa Kanti. All rights reserved,
including the right of reproduction in whole or
in part in any form, except in case of reprints in
the context of reviews and press.

*Dedicated to the one I loved so much, and to all
my friends who made this book possible.*

지은이| 알리사 칸티
초판1쇄| 2019년 9월
재판1쇄| 2020년 3월
한국어판 1쇄| 번역: 정영란, 2020년 7월
디자인| Atelier Ô Paris
ISBN: 9798670860789

작가의 다른 작품:
You Touched Me Deeply, 2019년 2월(절판)
You Touched Me Deeply, 2020년 1월(재판)
Mariposas sobre tus labios, 2019년 12월

작가 이메일| kantialisa@gmail.com
홈페이지| www.alisakanti.com

© 2019 알리사 칸티. 이 책의 모든 권리는 작가에게
있습니다. 작품 리뷰 및 언론보도 용도를 제외하고
어떠한 형태나 수단으로도 이 책의 일부 또는 전체를
이용할 수 없습니다.

내가 매우 사랑했던 사람과 이 책이 나올 수 있도록
도움을 준 모든 친구들에게 이 책을 바칩니다.

Butterflies On My Lips
내 입술에 내려앉은 나비

Let them know

I started to write my story on the back of the very common small airplane bag that you can find in the pocket in front of your airplane seat. It's usually hidden somewhere between the menu, the shopping guide and the airline's entertainment magazine. A very kind but clear instruction is printed on it: *Usa esta bolsa en caso de mareo* ("use this bag if you feel sick"). And we shouldn't forget about the second part of the message: *y avísanos* ("and let us know"). I didn't feel sick at all. I was just searching for a piece of paper as my mobile phone had run out of battery. Fortunately for me, the back of the bag was completely blank. It was the perfect space to let this unforeseen anguish and upwelling go and to write down the poems that were suddenly running through my head. I didn't follow the second rule though.

But I didn't care. Before the plane had taken off, my hand was already writing.

Alisa Kanti

그들에게 말해주세요.

내가 이야기를 쓰기 시작한 공간은 비행기 좌석 앞주머니에 꽂혀 있는 작은 종이 봉투의 뒷면이었다. 이 봉투는 기내식 메뉴판, 기내 쇼핑 가이드, 항공사 잡지 사이 어딘가에 있어 눈에 잘 띄지 않는다. 봉투 겉면에는 굉장히 친절하지만 분명한 어조의 안내말이 적혀있다. "속이 불편하시면 이 봉투를 사용해주세요." 바로 뒤에 이어지는 이 문구가 중요하다. "그리고 저희에게 말씀해주세요." 속이 불편했던 건 절대 아니었다. 나는 그저 휴대폰 배터리가 방전되어 글을 글적거릴 종이를 찾고 있었을 뿐이다. 다행히도 봉투의 뒷면은 완전히 빈 공간이었다. 이 종이야 말로 나의 마음 속 고뇌와 솟아오르는 영감을 쏟아내고 머리 속에 갑자기 떠오르는 시구를 적을 수 있는 완벽한 공간이었다. 물론 나는 두번째 안내 문구를 따르진 않았다.

전혀 문제될 게 없었다. 비행기가 이륙하기도 전에 나의 손은 이미 글을 쓰고 있었다.

알리사 칸티 Alisa Kanti

종이접기처럼
나의 이야기는 곱게 접혀있어요.
텅 빈 페이지가
당신을 위한 노래가 되었죠.

다정한 몸짓,
강렬하지만
안으로 숨겨진 감정들
못 본 척하면
안 돼요

Like an origami, My words are folded, Turning an empty page Into a song for you.
Soft gestures, Strong but hidden feelings, You should Not ignore.

Part 1

Diving Deep

Like every Monday, Joanna was at her weekly yoga class where, as usual, the class began with breathing exercises to calm everyone's bodies and minds. It's quite incredible that this repetitive technique nearly always worked. This time however, her mind decided to go on a solo trip, something that's quite forbidden in yoga. In yoga, you need to bring your mind to the now, the present.

But she didn't.

She floated away from the here and the now and was transported back into the past, into that small room where *he* was sat next to the table. The light wasn't on and the evening slowly infiltrated the room. Autumn had just arrived.

They were having a small chat of not much significance. As the shadows of the evening started to grow, a strange intimacy grew in the room too. The words he spoke turned into a story, and became more and more personal, coming from somewhere far away. His eyes guided hers and begged her to follow him. Attracted by the unknown, she couldn't refuse. She just listened. She couldn't say a word, her eyes glued to his. For those who knew her, she would be the one who would always talk too much, yet this time, she was mute. She became a part of the room, as did he.

영혼 깊은 곳으로

월요일엔 늘 그렇듯 조아나는 일주일에 한 번 있는 요가 수업에 참석했다. 오늘도 수업은 몸과 마음을 차분하게 만들어주는 호흡법을 연습하며 시작했다. 반복적으로 숨을 고르는 이 훈련이 거의 언제나 효과가 있다는 사실이 놀라울 뿐이다. 하지만 오늘 조아나의 마음은 혼자서 여행을 떠나기로 결정했다. 요가를 할 때는 엄하게 금지되는 일이었다. 요가를 하는 동안에는 마음을 바로 지금, 현재로 불러모아야 했다.

하지만 오늘은 그렇게 하지 않았다.

지금, 여기에서 흘러나간 조아나의 마음은 저 멀리 과거, 언젠가 그가 테이블 옆에 앉아 있던 작은 방으로 이동했다. 불은 꺼져있었고 저녁의 어둠이 느릿느릿 방 안으로 스며들고 있었다. 이제 막 가을이 찾아온 시기였다.

둘은 이런저런 소소한 이야기를 나누고 있었다. 저녁 그림자가 길어지는 동안 방 안에 나란히 앉은 둘 사이에도 묘한 친밀감이 자라났다. 그의 입에서 나오는 말은 어느새 이야기가 되더니 아득히 먼 곳에서 나오는 듯 점점 개인적인 이야기로 바뀌었다. 그의 눈빛은 조아나를 이끌며 자신을 따라오라고 간절하게 부탁하고 있었다. 조아나는 알 수 없는 감정에 이끌려 그의 부탁을 거절할 수 없었다. 그의 말에 귀기울일 뿐. 두 눈을 그에게 고정한 채 조아나는 아무 말도 할 수 없었다. 조아나를 아는 사람들은 그녀가 늘상 너무 말이 많다고 얘기하곤 했지만, 지금은 무척이나 조용했다. 조아나는 그 방의 일부가 되어있었다. 그가 그랬듯이.

His words revealed a private story that very few people knew about. She could still hear those painful words, "I lost my father forever on that day, when I was 7." Touched by his honesty, she stayed silent. Nobody had ever let her enter their soul like he had. An inundation of strange sensations of love followed. She felt her stomach churning and her hands shaking. She tried to control them so he wouldn't notice. She had always thought, emotions are like a cocktail you should drink slowly. She tried very hard, but the mixture of these unfamiliar feelings was explosive. She would never forget what he showed her that day. It stayed carved forever in her mind. She had never experienced anything like this. It was like diving so deep, diving into the soul of the other, until you lost your breath. She got closer to him, word after word, understanding him better than anyone else. Her feelings were dancing, like *butterflies on her lips.*

그는 거의 아는 사람이 없는 자신의 이야기를 풀어놓았다. 조아나는 아직도 아픔이 가득한 그 말이 들리는 듯했다. "내가 일곱 살 때 아버지와 영원히 이별했어요." 그의 솔직함에 뭉클해져 조아나는 가만히 있었을 뿐이다. 그 누구도 이토록 자신의 영혼 깊은 곳까지 조아나를 들인 적이 없었다. 형언할 수 없는 사랑의 감정이 넘쳐 흘렀다. 속에서 뭔가 끓어오르고 두 손은 쉴 새 없이 떨렸다. 그가 알아차리지 못하게 조아나는 몸을 진정시키려 했다. 감정이란 천천히 음미해야 하는 칵테일 같다고 늘 생각했으니까. 하지만 엄청난 노력에도 낯설기만 한 복합적인 지금의 감정은 지나치게 폭발적이었다. 그날 그가 보여준 모든 것을 조아나는 결코 잊지 못하리라. 선명하게 새겨져 마음 속 깊이 영원히 머물렀다. 이런 경험은 처음이었다. 아주 깊은 물 속으로 잠수해 들어가듯 숨이 멎을 때까지 누군가의 영혼 속으로 잠수해 들어가는 것만 같았다. 말이 이어질 때마다 조아나는 그에게 가까워졌다. 다른 누구보다도 그를 더 이해할 수 있었다. 조아나의 모든 감각이 춤을 추고 있었다. 그녀의 입술에 내려앉은 나비처럼.

The door was half open.

I knocked politely.

He didn't hear me.

I insisted, although my hand hesitated.

He looked at me, but didn't stand up.

His body was just there, sitting on the chair as if he were attached to the earth.

His gaze was lost, beyond me.

This image is etched on my memory. In these 10 seconds, the past and the future merged together.

It was as if the whole room was telling me that it would be better to turn around and leave.

But I didn't, attracted to the unknown.

I was lost in an endless edge fare beyond me.

And I loved, before loving.

문이 반쯤 열려 있었다.
조심스레 노크를 했다.
그는 듣지 못했다.
망설이는 손을 들어 고집스럽게 다시 노크했다.
그는 나를 봤지만 일어서지 않았다.
몸이 땅에 붙어있는 것처럼 의자에 앉은 채로
그 자리에 있을 뿐이었다.
내 뒤 어딘가로 그의 시선이 흩어졌다.
이 장면이 내 기억에 아로새겨져 있다. 십 초 동안 과거와 미래가 하나가 되었다.
방 전체가 내게 말하는 것만 같았다.
이제 그만 뒤돌아서 여기를 떠나라고.
하지만 알 수 없는 뭔가에 이끌려 그럴 수 없었다.
나는 닿을 수 없는 끝없는 경계 안에서 길을 잃었다.
그리고, 나는 사랑하기 전에 이미 사랑에 빠져 있었다.

The silent scream uses all your muscles
Yelling without a sound.
When you hear it,
It's a desperate sound
That cuts your body in two.

It cuts as sharp, as a knife,
Leaving you
With a gap that makes you dizzy.

I could feel your naked face,
The sizzling pain of desperation,
Making you mute,
Heavily breathing out,
As mute as you were,
As lame was my body.

The worst of all screams
Is the silent one.

소리 없는 비명을 지르려면
모든 근육을 사용해야 해요.
아무 소리 없이 크게 소리쳐야 하니까.
그 비명이 들리면,
그 절박한 소리에
몸이 두 조각으로 베어져요.

칼날처럼 예리하게 베이면
틈이 생기면서
당신을 어지럽게 만들어요.

온전히 드러난 당신의 얼굴에서
간절함으로 들끓는 고통이 느껴져요.
당신의 입을 다물게 만들고
거친 숨을 몰아쉬게 만드는 고통.
당신을 침묵하게 만들고
나를 절룩거리게 만들었죠.

가장 끔찍한 비명은
소리 없는 비명이에요.

Fear would knock on my door,
Always in the evening,
Like an uninvited guest,
Knocking with fever.
But I knew,
If I opened,
There wouldn't be anything,
No fever no more.

It takes more
Than courage
To take my hand,
As fear is not behind the door.
The fever of fear
Is inside me,

And nothing more.

두려움은 늘 저녁에
내 문을 두드려요.
열기를 품고 문을 두드리는
초대받지 못한 손님처럼.
하지만 난 알고 있었죠.
문을 열어도
아무것도 없다는 걸.
열기도 그 아무것도.

내 손을 잡으려면
용기보다
더한 것이 필요해요.
두려움은 문 뒤에 있는 게 아니죠.
열기를 품은 두려움은
바로 내 안에 있어요.

그것 밖엔 아무것도 없어요.

While you talked,
I listened.

Observing you,
With all my senses.

Reading you,
With my thoughts.

Drawing your
Feelings.

Savouring the unknown.

네가 말할 때
나는 듣고 있었어.

나의 모든 감각을 끌어 모아
너를 찬찬히 바라보면서.

나의 생각을 다해
너를 읽으면서.

너의 감정을
그려내면서.

알 수 없는 모든 것을
충분히 음미하면서.

There is no day
That passes by,
That I don't think
Of you.

Perhaps,
I truly love you.

그 어떤 날도
너를
생각하지 않고
지나가는 적이 없어.

아마도,
난 정말 너를 사랑하나봐.

사랑일까?

Suffocated by your smell,
Desired apnoea,
Slowly dying
With you.

Laying down,
Not moving a wrinkle,
Your wings,
Like a blanket,
Whirling away,
Softly touching,
Awakening a
Longing
Of a deep desire.

너의 향기에 숨이 막혀
열망 가득한 무호흡 상태로
너와 함께
서서히 죽어간다.

한치의 움직임 없이
가만히 누워있으면
너의 날개가
이불처럼 펼쳐져
둥글게 원을 만들고
간절한 깊은 욕망을
부드럽게 간질거리며
한없이 일깨운다.

My tongue slowly
Turning in my mouth,
Circling around
And drawing a fine line,
Running the curves
Of my palate.

Sweet touch,
Longing for heaven.

혓바닥을 천천히
입안에서 굴려본다
동그라미를 그리며,
가느다란 선을 그리며
둥근 입천장을 따라
천천히 굴려본다

천국을 열망하는
달콤한 이 감촉

Your eyes looked down,
Drawing the lines
Of my naked body.
A nice warm feeling
Ran through me.

Uncontrolled desire,
Gasping for satisfaction,
Speeding up my neck,
My throat,
My breasts,
My nipples,
My lungs.

Meanwhile your gaze,
Lowered, again.

너의 눈빛이
나의 몸을 따라
아름다운 선을 그려냈다.
기분 좋은 따스함이
온 몸을 저릿하게 만들었다.

통제할 수 없는 욕망이
만족을 쫓아 가쁜 숨을 내쉬며
나의 목
나의 가슴
나의 정점
나의 폐를 빠르게 뛰게 만든다.

그러는 사이 너의 눈빛은
다시, 아래로 향한다.

사랑을 나눈 후에

Nature brought me to you,
Closer and closer,
Inviting us for an
Endless walk.

자연의 여신이 당신에게 나를 보내주었죠.
가까이, 좀 더 가까이
영원히 함께 할 산책길에
우리 둘을 초대했어요.

Oh, my greatness,
My Deva, divine,
My pure devotion.

You shall shine,
For truth will come,
Raise your shoulders,
And open your chest,
Breath my blessing,
Heal my wounds,
Follow my doubts.

Eternal questions,
Show me,
As I'm afraid
To raise the questions
I can't answer.

오, 위대한 여신
나의 성스러운 디바
나의 순수한 사랑이여.

빛을 비춰주세요
진실이 드러날 테니
팔을 높이 들고
가슴을 활짝 펴
내게 축복을 불어넣어주세요.
나의 상처를 치유하고
나의 의심을 잠재워주세요.

영원한 질문을
내게 보여주세요.
내가 답할 수 없는
질문은 감히
입 밖에 낼 수 없으니.

I'm changing,
My breasts are growing,
My hips are curbing,
My hair smells different,
My hands are stronger,
My eyes are wilder,
My mouth is smoother,
But my thoughts,
My thoughts
Beat faster.

난 변하고 있어.
가슴이 커지고
힙에는 곡선이 그려지고
머리에서 낯선 향기가 나.
두 손은 더 강해지고
두 눈은 더 사나워지고
입매는 더 부드러워졌지만
내 생각은,
내 생각만큼은
더 빠르게 뛰고 있어.

You walked until
Exhausted.
A commitment that
Very few have,
To reach me.

당신,
지칠 때까지 걸어왔군요.
내게 오려는 사람 중에
보기 힘든,
아주 드문 마음을 가졌군요.

My words will guide you,
And blow away the fear
That burns your skin.

나의 말이 너를 이끌어줄 거야.
네 피부를 태우는
두려움을 멀리 쫓아줄 거야.

Step by step, I came back to you.
How long will you trust me for?

조금씩 조금씩, 너에게 돌아왔어.
언제까지 나를 믿어줄 거야?

41　　　너를 믿느냐고?

Her lips were mine,
Captured by her thoughts,
Closed off with each other,
Isolated from the world,
Captured by each other.

그녀의 입술은 나의 것이었죠.
그녀 생각에 사로잡히고
세상에서 분리되어
오로지 서로만 느낄 뿐
서로에게 사로잡힌 우리.

One step up,
Twenty centimeters
From the ground,
My eyes met yours.
An intense exchange,
Seeing from a different
Point of view.
The secrets
Of understanding.

Sweet. Mine,
Yours. Lips.
Straight lines
Of time.
Closer than ever.

Eternity flirting
Around us,
Feeling the air
Between our skin,
Uncatchable, but united.

한 걸음 올라가
땅에서
이십 센티미터 위로
나의 눈이 너의 눈과 만났어.
서로 다른
관점에서 바라보는
강렬한 눈빛이 오가고.
비밀스럽게
서로를 이해하지.

달콤한 나의 입술과
너의 입술.
곧게 뻗은
시간의 선.
그 어느 때보다 가깝기만 해.

우리를 둘러싼
영원한 시간이 간질거리고 있어.
우리의 맞닿은 살 사이에
잡을 수는 없지만, 온전히 결합된
공기를 느끼며.

Empty
Naked space.
Nobody knows
How much I miss you.

텅 빈
헐벗은 공간.
내가 얼마나 널 그리워하는지
아무도 모를 거야.

When did it start?
I don't know.

언제 시작됐냐고?
나도 몰라.

The space in-between,
Before
And after
Making love.

The shower
We take
To start,
To end.

The deep water
Of longing.

Seducing.

The slow water
Of satisfaction.

Flowing
Along
The skin.

Let my hand teach you
How to read my skin.

사랑을 나누기 전과
나눈 후
그 사이의 공간

시작과
끝을 위해
우리가 한
샤워

열망으로 가득한
깊은 물

유혹

유유히 흘러내리는
만족스러운 물길

피부를 타고
흘러내리는
물길

내 손으로 가르쳐 줄게
내 피부를 읽는 법을.

Listen how
Every sound,
Every note,
Every word,
Is there, in search
Of perfect harmony.

If you hear it,
You will hear me.

들어봐
모든 소리,
모든 음정,
모든 노랫말이
어떻게
완벽한 하모니를 찾고 있는지.

네가 들을 수 있다면,
내 소리를 듣게 될 거야.

My dearest,
My sweet love,
Loving you
Was such a challenge.

나의 사랑하는 이여,
나의 달콤한 사랑,
그대를 사랑하는 건
엄청난 도전이었답니다.

We have crossed paths,
Thousands of times.

Only one second
Is needed
To stop crossing.

우린 지금껏
수천 번을 마주쳤어요.

우연한 마주침을 멈추는 데
필요한 건
단지 찰나의 시간이죠.

Can we forgive
His cruelty?
Can we?

I can't.

용서할 수 있을까?
잔인하게 굴었던 그를?
우리 그럴 수 있어?

난 못해.

Love has many faces,
Don't get lost in them.

사랑에는 수많은 얼굴이 있어.
거기서 길을 잃으면 안 돼.

You showed me
What it means to suffer.

네가 가르쳐줬어.
고통받는 게 어떤 건지.

Can my love catch,
For just a moment,
Your youth?

내 사랑이
아주 잠깐이라도
너의 젊음을 붙잡을 수 있을까?

I wish I could hear
The unspoken words
That fly like captured birds
In an invisible cage.

I wish I could enter
The deep gaze,
Where the song of
Blind believers
Echoes in the cave.

I wish my hands
Could walk
Through your skin,
Flowing through a river
Of emotions,
Driven by the origin
Of all my wishes.

As for now,
Nothing has been written.
I only now, have heard your name.

보이지 않는 새장에
갇힌 새들이 날아다니듯
입밖으로 나오지 않은 그 말들을
들을 수 있으면 좋겠어.

눈먼 신도들의 노래가
동굴 깊은 곳에 메아리치는
그윽한 그 시선 안으로
들어갈 수 있으면 좋겠어.

내 손이
온갖 감정으로 넘치는
강을 따라
내 모든 소원의
기원에서 힘을 얻어
너의 피부 사이로
걸어갈 수 있으면 좋겠어.

우선 지금은
아무 것도 쓴 게 없어.
방금 너의 이름을 들었을 뿐이니까.

My love,
I'm writing,
I'm writing you a letter,
Reading,
Understanding,
Giving time to the words,
To get to you.

From everything,
All we have left,
Are the stories,
Small seeds,
Begging to bloom.

내 사랑,

당신에게 편지를 써요.
시간을 들여
당신에게 닿을
나의 말들을
읽고, 뜻을 들여다봐요.

세상 모든 것 중에
우리에게 남은 건 이야기들 뿐.
꽃 피우길 간절히 바라는
작은 씨앗들.

Seeing through the fog,
The mountain of faith,
A silver thought,
Blinking soul
Of hope.

안개 사이로 보이는 건
믿음으로 쌓인 산,
은빛 생각,
희망으로
깜박거리는 영혼.

Sometimes,
I want to say
Something.

But I can't find
The words.

가끔은 말이야
뭔가
말하고 싶어.

그런데 말이야
그 말을 찾을 수 없어.

The bridge was gone,
The spinning void,
Taking you down.

Should I jump
Into the void,
To reach
You?

다리가 사라졌어
널 끌어내린
소용돌이 치는 텅 빈 공간 속으로.

너에게 가려면
텅 빈 그곳으로
뛰어내려야 할까?

Pallid face,
Sharp eyes,
Blue throat,
Lips of fever,
Breath into me,
Floating mind,
Bring me back
To the place of
No return.

창백한 얼굴
날카로운 눈매
푸르스름한 목
열기 어린 입술
내게 들어오는 숨결
들뜬 마음이
다시 나를 데려간다.
돌아올 수 없는
바로 그곳으로.

The interval of time,
The space in-between,
Undefined,
Un-posited,
Unconquered,
Is the space
I walk.

Underlying
Needs.

시간과 시간 사이
공간과 공간 사이
뭐라 정의 내릴 수도,
단정할 수도 없는
정복되지 않은
그 공간을
나는 걸어간다.

바닥에 자리잡은
욕구.

Not knowing what love is,
He couldn't
Know
He loved her.

Not knowing what love is,
He couldn't show her
He loved her.

사랑이 뭔지 몰라서
그녀를 사랑했음을
그는
알 수 없었다.

사랑이 뭔지 몰라서
그녀를 사랑했음을
그는
보여줄 수 없었다.

I'm too tired to sleep.
And if I could,
I still wouldn't.

너무 피곤해서 잠을 잘 수 없어.
하지만 잘 수 있다고 해도
잠을 안 잘 거야.

A cold wind
Whistling.
My breath, however,
Stronger than ever,
Blew away
Your thoughts.

찬바람이
세차게 불고 있어.
하지만
그 어느 때보다 강력한
내 숨결이
네 생각을
멀리 날려버렸어.

Pure sweetness,
Innocent smile,
Healing thoughts,
Safe feelings,
Simply being,
Existing,
Me,
Next to
You.

완벽한 상냥함,
순진무구한 미소,
힐링이 되어주는 생각,
안전한 느낌,
그저 있어주는,
존재하는
나.
바로
너의 옆에.

I'm
not
afraid
of
death,

I'm
afraid
of
the
living
dead.

난
죽음이
두렵지
않아.

난
죽은 채로
살아있는 게
두려워.

Walking on ice,
Steps of doubt,
Without a guide,
I open my eyes,
Standing alone,
Before a mirror of
Your reflection.

얼음 위를 걷는다
의지할 데 없는
자신 없는 발걸음으로.
눈을 떠보니
네 모습 비추는
거울 앞에
혼자 서있는 나.

How much
I would love
To love you.
Loving fully,
Only love.

너를 얼마나
사랑하고 싶은지 몰라.
온전히 사랑하고,
오직 사랑만 하고 싶어.

We don't know
If it will rain tomorrow,
If you will leave me,
If I will fall down,
That I won't know
If I will stand the pain,
If it will last forever,
If my tears will
Only flow for you.

I won't eat,
I won't sleep,
I won't speak,
I won't feel anything.

We won't know,
If I will believe,
We can go back,
To the day
Before tomorrow.

우린 모르지
내일 비가 올지,
네가 나를 떠날지,
내가 무너질지.
난 모를 거야
내가 그 고통을 견뎌낼지,
그 고통이 영원히 지속될지,
너를 위해서만
내 눈물이 흐를지.

난 안 먹을 거야
잠도 안 자고
말도 안하고
아무 것도 느끼지 않을 거야.

우린 모를 거야
내가 이걸 믿을지.
내일 하루 전
그날로
우리가 돌아갈 수 있다고.

I know when
I will die.
I know exactly when
I will die.
The day I can't
Love anymore,
I will die.

난 알아
내가 언제 죽을지.
정확하게 언제
내가 죽을지 알고 있어.
내가 더 이상
사랑할 수 없는
바로 그날
난 죽을 거야.

Part 2

Part 2

She heard her yoga teacher counting, "2... 3... 4... 5... and exhale... 1... 2... 3... 4... 5...," but her thoughts drew her back into the room where those deep brown eyes were sat. Attracted by his gaze, she went deeper into his eyes, searching for the answers to the questions that had been haunting her since the day she left that room. With her eyes closed, guided by her thoughts, her mind led her into a dark place. It was a cave with a lake that she knew wasn't that big because she could see where it ended. The water was exceptionally still, surrounded by an intense silence. It felt chilly and warm at the same time, even slightly humid. Caves were not her favourite places to go to, but this was unlike other times. She was alone but she didn't feel alone. A melancholic feeling floated around her.

It's difficult to believe that this was all happening at the same time as her body was listening to the yoga teacher and perfectly executing all the yoga asanas. She had never been so good in class! Is it possible to mentally connect with someone who is 10,000 miles away, through a memory entering the soul of the other, the one she had strangely loved so much? Her yoga teacher, who wholly believed in mental power, wouldn't have doubted it for a second.

Hypnotised by the strange power of mystery, Joanna went deeper into the cave and began flying over the surface of the water, like a drone. It was still too

Part 2

조아나는 요가 선생이 숫자를 세는 소리를 듣고 있었다. "둘⋯, 셋⋯, 넷⋯, 다섯⋯, 숨 내쉬고, 하나⋯, 둘⋯, 셋⋯, 넷⋯, 다섯⋯" 하지만 조아나의 생각은 깊은 갈색 눈동자가 자리잡은 그 방으로 그녀를 다시 데려갔다. 그윽하게 바라보는 그의 눈빛에 사로잡혀 조아나는 그 속으로 더 깊숙이 들어갔다. 그 방을 떠난 날부터 머리 속에 맴돌던 질문에 대한 답을 찾고 싶었다. 눈을 감고 생각이 이끄는 대로, 조아나의 마음은 어두운 곳으로 향했다. 호수가 있는 동굴이었다. 가장자리가 눈에 들어오는 걸 보니 그리 큰 호수는 아니었다. 호수는 강렬한 고요함에 둘러싸여 유난히 잔잔했다. 동굴 안은 약간 습하긴 했지만 쌀쌀하면서도 동시에 따뜻했다. 동굴을 그다지 좋아하지 않았지만 이번에는 달랐다. 조아나는 혼자였지만 외롭지 않았다. 왠지 우울한 기운이 주변에 떠다니는 듯했다.

이 모든 것이 동시에 일어나고 있다니 믿기지가 않았다. 조아나의 몸은 요가 선생의 목소리를 들으면서 완벽하게 아사나를 해내고 있었으니까. 요가 수업에서 이렇게 잘해본 적이 없었다! 16,000 킬로미터 떨어진 곳에 있는 누군가와 정신적으로 연결되는 게 가능한 일일까? 믿을 수 없을 만큼 너무나 사랑했던 사람의 영혼에 들어갔던 기억을 통해서? 마음의 힘을 오롯이 믿는 요가 선생은 분명히 한 톨의 의심도 하지 않을 것이었다.

알 수 없는 신비로운 힘에 매료되어 조아나는 동굴 안쪽으로 더 깊숙이 들어가 드론처럼 호수의 수면 위를 날기 시작했다. 아직 너무 어두워 아무것도 볼 수 없었다. 동굴 안쪽에 빛이 들어오면 좋겠다고 생각하니 갑자기 전기불이 폭죽처럼 터지고 물 위로 떨어지면서

dark to see anything. Her desire of bringing light into the cave suddenly provoked some electric explosions, like fireworks, that fell into the water, illuminating the peaceful darkness. What lay behind the lake? She could see that the water led somewhere, but where? She directed all her concentration towards the end of the lake to try and discover where the water was coming from. A gust of ice cold wind swept in from the edge of the water. She resisted the cold, and was almost blinded by what looked like a snow-covered landscape, surrounded by what she guessed were mountains.

At that moment, she was brought back to the class by the yoga teacher's voice. She opened her eyes, rolled them forward without moving her head and looked around the room. Nothing had changed. Everything was still there, the yoga room, the girls sitting on their matts, everything was exactly the same. But she felt strange. Her body felt as cold as ice and her fingertips were blue – as if she had just come out of a snowstorm.

After the peaceful Om sound, she slowly stood up and got her stuff together. The class ended and she could continue with her day, taking with her that feeling from the cave, a clear signal that she couldn't forget him. They had lost contact and still, after several years, she couldn't get him out of her mind. When someone touches you so deeply, when you have been so close to each other, it isn't easy to ignore them. From that day on, she knew she wouldn't be the same person any more. She learned to live with a phantom that became a part of her soul.

평화로운 어둠에 빛을 밝혀주었다. 호수 저 너머에는 뭐가 있을까? 호수 물결이 어디론가 향하고 있는 것이 보였다. 어디에서 시작된 거지? 조아나는 최대한 집중해 호수 끝편으로 날아가 어디로부터 물이 흘러오는지 알아내려 했다. 호수 한쪽에서 얼음처럼 차가운 바람이 힘껏 불어왔다. 찬 기운을 헤치고 나가니 눈으로 가득 덮인 풍경에 눈이 멀 지경이었다. 뭔가 산에 둘러싸인 듯한 경관이었다.

그 순간 요가 선생의 목소리에 조아나는 수업으로 돌아왔다. 눈을 뜨고, 머리를 고정한 채 조아나는 눈동자를 굴려 스튜디오 내부를 둘러봤다. 아무것도 변한 것이 없었다. 요가 스튜디오는 모든 것이 그대로였다. 매트에 앉아 있는 수강생들까지 하나도 달라진 것 없이 그대로였다. 하지만 뭔가 낯선 기분이 들었다. 조아나의 몸은 얼음처럼 차가웠고 손끝은 추위에 파랗게 질려있었다. 마치 눈보라 속을 막 헤매다 온 것처럼.

평온한 옴 소리를 끝으로 조아나는 천천히 일어나 소지품을 챙겼다. 수업은 끝났고 오늘 하루는 이 기분으로 계속할 수 있을 터였다. 동굴에서 느꼈던 느낌, 그를 절대 잊을 수 없음을 보여주는 분명한 신호를 간직한 채. 그와 연락이 끊긴지 몇 년이 지났지만 아직도 마음 속에서는 그를 놓을 수 없었다. 누군가 나의 깊은 곳을 어루만지면, 서로 그토록 가까웠다면, 결코 그 감정을 무시하기 어렵다. 그날 이후로 자신이 이전과 결코 같을 수 없음을 깨달았다. 조아나는 이미 자신의 영혼의 일부가 되어버린 환영과 함께 사는 법을 배우게 됐다.

I shouted,
Without a sound,
In the middle
Of nowhere.

My lungs
Without air,
Embracing my soul.

Blindly looking
Into the valley of silence.

소리 없이
크게 소리질렀다.
아무도 없는
어딘지 모르는 곳에서.

공기가 빠져나간
나의 폐는
내 영혼을 감싼다.

침묵의 계곡을
텅 빈 눈으로 바라본다.

You broke me,
Again and again.

Why did I believe
In you?
Again and again.

넌 날 아프게 했어.
몇 번이고 계속해서.

난 왜 널 믿었을까?
몇 번이고 계속해서.

How much
Strength do I need
To rebuild what was broken?

얼마나 힘을 내야하는 걸까?
이미 망가져버린 걸
다시 만들려면.

They walk in silence,
One after another.
Only the cars shine,
All going straight ahead,
Following the one in front.
I wonder,
If they understand their
Movements,
Looping like an endless circle,
Arriving at the same point where they began,
With each movement.

The footprint of their memory
Is erased
By a non-existing wind.

앞뒤로 서서
그들은 말없이 걷는다.
자동차들만이 빛을 비춘다
모두 앞차를 따라
직진하고 있다.
궁금해진다.
끝없는 원을 그리듯
차들이 이동하고
이렇게 계속 돌다보면
결국엔 처음 출발한 곳에
도착하게 된다는 걸 그들은 알고 있을까?

기억의 발자국은
지워질 뿐이다
존재하지 않는 바람에.

Strange feeling,
Losing something
I never had.

이 묘한 기분은 뭘까.
뭔가 내게 없던 걸
잃어버린 것만 같아.

The black mountain,
As huge as an eagle,
Playing games with shadows.

A hidden tragedy,
Evil from yesterday,
Coming back dangerously.

And down
Between the mountains,
The water flows,
Without paying attention,
It flows to its destiny.

The mountains
Will always stand there,
The water will always flow.

독수리처럼 거대한
검은 산이
그림자와 게임을 한다.

숨겨진 비극,
과거의 죄악이
위험스럽게 돌아온다.

산 계곡에
흘러내리는 물은
아랑곳없이
목적지를 향해 흘러간다.

산은
언제나 거기에 있을 테고,
물은 언제나 흐를 테지.

He was not able
To be good.
He grew up in darkness,
And even the light
Made him darker,
Than ever.

Exhausted angels,
Blind believers,
Daily struggles,
With darkness
Born out of light.

그는 말이야
좋은 사람이 될 수 없었어.
어둠 속에서 자랐거든.
빛조차도
그를
더 어둡게 만들었어
그 전보다 더.

빛에서 태어난
어둠에
지친 천사들
맹목적인 신도들
일상의 몸부림.

Like an actor
Suffering from amnesia,
I repeat my text
Over and over again.
While speaking,
I forget,
Word after word.

I should forget you,
But for some reason,
I can't.

기억상실로 고생하는
배우처럼
내 글을
자꾸만 반복해.
말하면서도
앞에 말한 단어를
잊어버려.

너도 잊어야 하는데
왜 그런지
너는 잊을 수 없네.

Being with you,
It's hell and heaven.
There is no
In between.

We can't escape
From suffering
And healing,
A circle that
Never will end.

너와 있으면
그게 천국이고 지옥이야.
그 중간은
없어.

우린 도망칠 수 없어.
고통에서든
치유에서든
결코 끝나지 않을
거대한 고리에서.

Don't let your mind
Guide your desire!

네 마음이
네 욕망을 지배하지 못하게 해!

Playing with me.
Why are you playing with me?

나하고 장난치고 있구나.
왜 나한테 장난쳐?

You are so hard on yourself,
That even your blindfolded body
Can't feel,
I care for you.

넌 자신에게 너무 야박해.
그러니 눈을 가린 네 몸이
느낄 수 없잖아
내가 널 좋아하는 걸.

Falling for love,
Holding up
An image of what
You are not.

You shouldn't,
But we all do.

사랑에 빠져서
네가 아닌
허상에
매달리게 돼.

넌 그렇지 않겠지만,
우린 다 그런 걸.

Your kiss,
Cold as ice.
Your arms,
Too strong
To be soft.
Nothing.

I just felt,
Nothing.

얼음처럼 차가운
너의 키스.
너무 강해서
부드럽지 않은
너의 팔.
아무 것도.

난 느끼지 못했어.
아무 것도.

I lost the desire
Of going back
To the house
Where 'us' was born.
No birds will sing
Anymore.
They just flew away,
Like you did.

돌아가고 싶은
마음이 사라졌어
'우리'가 태어난
그 집으로 말야.
더 이상
새들은 노래하지 않을 거야.
멀리 날아가버렸거든
너처럼.

I could read it in
Your eyes.
There is still a part
Of me in there,
However small,
Too fragile
To survive.

네 눈에서
읽을 수 있었어.
아직은 거기에
내 자리가 조금은 있다는 걸.
하지만 너무 작아서
살아남지 못할 거야.

How strong
Do I need to be,
To get down the
Imaginary mountain
That rises me up
To a sky
I can't touch?

내가 닿을 수 없는
저 하늘로
나를 올려줄
저 상상의 산으로
내려 가려면
난 얼마나
강해져야 하지?

Who knows me?
That's a good question.
Do you really know me?

누가 나를 알지?
좋은 질문이야.
넌 정말 나를 알아?

You are the mirror
In which
I see myself
But, where are you?

너는 거울이야.
내 모습을
비춰볼 수 있는.
그런데, 너는 어디 있는 거야?

Wandering
Around in the fog.

I wish I could follow your steps.

안개 속을
한참 헤매고 있어.

네 발자국을 따라갈 수 있다면 얼마나 좋을까.

Nobody will ever
Enter your space.
Long ago,
You closed the curtains,
Doors and windows.
If I could, I would kill the
One who did this to you.

당신의 공간엔
아무도 못 들어갈 거예요.
오래 전에
당신이 커튼도,
문도, 창문도 다 닫아버렸으니까.
할 수만 있다면
당신을 이렇게 만든 사람을
없애버릴 거예요.

Abstraction is
A fashionable word,
To say we reached
The edge
Of us.

추상적인 단어는
우리가
한계에 이른 걸
그럴싸하게
표현해주는 말이야.

It's not your story,
You can't understand me.

His words hit me,
Like a heavy storm
That pushed me to the ground.

네 이야기가 아니니까
날 이해할 수 없을 거야.

그가 하는 말이
엄청난 폭풍처럼 몰아치더니
날 바닥으로 내동댕이쳤다.

The air was so hard,
You could cut it in pieces.
No words could fill
The emptiness.

Silence that
Disturbed the silence.

Searching for
A meaning,
But there was
No meaning.

We were left
With nothing.
So hard to read
The words that
Are filled with
Emptiness.

공기가 너무 단단해서
잘게 조각낼 수 있을 것 같았어
어떤 단어도
공허함을 채울 수 없었고

침묵을 방해하는
침묵

의미를
찾으려 했지만
아무런 의미도
없었지

우리에겐
아무것도
남은 게 없었어
공허함이
가득한 그 말을
읽는 건 너무 어려워.

Starting off controlled,
Measured, modest, in a way,
His body and the music grew,
With each paper he turned,
His arms raced faster,
Until pure liberation.

I wish you allowed yourself
To see it.
It was more than just music,
It was pure life,
And the feeling inhabited me forever.

통제되고 절제되고,
한편으론 겸허히 시작하더니
그의 몸과 음악이 변해간다.
악보가 한 장씩 넘어갈 때마다
그의 팔은 점점 더 빠르게 내달렸다
완전한 자유에 이를 때까지.

당신도 직접
느낄 수 있으면 좋겠어요.
단순한 음악 이상,
순수한 생명력이었어요.
그 느낌은 영원히 내 안에 살아있을 거예요.

There is too much
In between.

The past
Is a living monster.

A shadow of invisible
Thoughts.

Dangerously
Taking the present
Hostage.

사이에 껴 있는 게
너무 많아.

과거는
살아있는 괴물.

눈에 보이지 않는
생각들의 그림자.

위험하게도
현재를
인질로 삼고 있어.

The colder you got,
The more I wanted you.

The faster you ran,
The more I desired to catch you.

The more you asked me,
The more I want to give you.

And I believed it was love.

네가 추워질수록
난 네가 더 필요했어.

네가 더 빨리 달릴수록
난 너를 더 잡고 싶었어.

네가 더 많은 걸 요구할수록
난 네게 더 많이 주고 싶었어.

난 그게 사랑이라고 믿었어.

I said NO.
And all the weight fell.

안 돼, 단호하게 말했지.
그랬더니 살이 확 빠졌지 뭐야.

Alone,
Being left
On the path,
Heavy steps
with no return.

다시 돌아오지 않을
발자국이 무겁게 눌린
그 길 위에
남겨져 있다.
나 홀로.

Was it
Cruelty
Or
Love,
That made me
Who I am
Today?

지금의 나를
만든 건
잔인함이었을까?
아니면
사랑이었을까?

Black out,
No talks anymore,
No messages,
No jokes,
You severely punished me.

암전.
더 이상 대화도
메시지도
농담도 없어.
넌 잔인하게 나를 벌주는구나.

On my way to you,
I met him.

너에게 가는 길에
그 남자를 만났어.

With you,
I was lost
In time.

너와 있을 때면
난 시간 감각을 잃었어.

You hurt
Me.
No,
I let you
Hurt
Me.

너 때문에
상처받았어.
아니다,
상처주는 너를
내가 내버려뒀구나.

You burned me
With ice.
You pushed me
From the mountain.

Rolling
Down into
The lake.

I stopped
Feeling,
Thinking,
Breathing.

You just killed me.

너는 차가운 얼음으로
나를 태웠어.
너는 산 위에서
나를 밀었어.

산 아래
호수로
굴러 떨어지면서

나는 그만두었지
느끼는 것도
생각하는 것도
숨쉬는 것도.

너는 지금 나를 죽인 거야.

We won't get
There.
We have lost
Each other.
We can try,
But long ago,
We reached
The edge.

우린 거기에
가지 못할 거야.
우린 서로를
잃었으니까.
노력해 볼 수는 있겠지만
이미 오래 전에
우린 한계에 도달했어.

What are you running after?
What was so important,
That you couldn't be there?

뭘 쫓고 있는 거죠?
뭐가 그렇게 중요했어요?
어차피 거기엔 갈 수 없었는데.

For two?
No, just one.

두 분인가요?
아뇨, 한 명이요.

Epilogue

◇

에필로그:
(사무실로 가는 길, 조아나는 아직도 약간 어지러웠다. 그 때 믿을 수 없는 문자가 도착했다. 그가 돌아왔다…)

Epilogue: (On the way to her office, still a bit dizzy, Joanna received a peculiar message. He was back...)

You came back
Into my universe
Just when it had learned
To brighten without
Sun or moon.

When my desire
Finally understood
What it meant to be alone.

However, my thoughts
Never learned.
Unconditional believers,
Like a mother who believes
In the goodness of her son,
Knowing he just killed someone.

내 우주로
네가 돌아왔을 때
내 우주는 이미 배운 뒤였어.
태양도 달도 없어도
밝게 빛나는 법을.

내 욕망은
마침내 이해하게 된 뒤였어.
혼자라는 게 어떤 의미인지.

하지만 내 생각은
절대 배우지 못했지.
아들이 악행을 저지른 사실을 알면서도
그의 선함을
믿는 어머니처럼
무조건 믿었으니까.

Optical illusion,
The heart believed
What the eyes
Couldn't see.

달콤한 환상.
눈이 볼 수 없는 것을
가슴은 믿었답니다.

Promises.

Believed illusions,
Erasing the earth
Under my feet.

약속들

내 발 아래 놓인
땅을 침식하는
환상에 대한 믿음.

She turned her back
On me,
And looked over the valley,
Waiting for the man
Who won't turn up,
The one who
Crossed the river,
And caught her gaze
Forever.

그녀는 내게 등을 돌리고는
저 멀리 계곡을 바라보았다.
나타나지 않을
그 남자를 기다리면서.
강을 건너 간,
그녀의 시선을
영원히 사로잡은
그 남자.

He doesn't know
It yet,
But he loves her.

그는 아직
그걸 몰라요.
그녀를 사랑하고 있다는 걸.

A serious gaze,
A little weird,
Square and closed.

And suddenly,

A shy glimpse
Telling me
That something
Was behind,
Carefully hidden,
A mystery to
Unfold.

Should I take the risk
To fall in love again?

진지한 시선
약간은 묘한
직설적이고 집중적인 시선.

그러다가 훅,

수줍은 잠깐의 눈빛이
내게 말하길
뭔가 뒤에 있다고,
조심스럽게 숨겨진
풀어봐야 할
미스터리라고.

다시 용기내서
사랑해볼까?

Lay down
Next to me,
Just once
More.

Hold me
Tight, so I can
Feel you,
Once more.

Just once more.

내 옆에
누워 봐.
딱 한 번만 더.

나를
꼭 안아줘.
너를 느낄 수 있게.
한 번만 더.

딱 한 번만 더.

I decided to go back,
Not giving him
What he wants
But just being who I am.

돌아가기로 결심했다.
그가 원하는 걸
주진 않을 테다.
그저 내 자신이 될 거다.

You are toxic,
And I know it.
When will I believe
What I know?

너는 독이고
나도 그걸 알아.
나는 언제가 되면
내가 아는 걸 믿게 될까?

I really tried,
But trying is not enough.

나는 정말 노력했다고.
하지만 노력만으로는 부족해.

I fell away,
But I didn't know from what.
I fell
Down.

나는 멀어졌어.
어디로부터 멀어진 건지 몰랐지만.
나는 우울해졌어.

Your words,
Tumbling down,
Like stones on my body,
Evil destroyed,
The last mountain,
That catches the sun.

The loveliness of the water,
Standing dangerously still.

How hard do you have to be,
When love has hurt you?

너의 말이
무거운 돌처럼 내 몸 위로
굴러 떨어져.
악마가
태양을 붙잡고 있던
마지막 산마저 무너뜨렸거든.

사랑스러운 물은
위태롭게 고요함을 유지하고 있어.

사랑에 상처받을 땐
얼마나 단단해져야 하지?

I didn't give up
Because I wasn't in love anymore,
I gave up because I was forced to fight against you.

더 이상 사랑하지 않기 때문에
포기한 게 아니야.
너와 싸우게 됐기 때문에
포기한 거야.

In the lost and found department,
There lay my book,
Between all the other forgotten stuff,
Part of your soul,
Part of my soul.

분실물 보관 센터에
내 책이 덩그러니 놓여 있었다.
온갖 잊혀진 물건들 사이에.
네 영혼의 일부
내 영혼의 일부인데.

My dear Darkness,
Can we ask the light,
To come back?

나의 친애하는 어둠에게,

우리, 빛에게
돌아오라고 부탁해볼까?

If I can stand,
The sharp wind that hits my face,
If I can stand,
The frozen rain that falls on my shoulders,
If I can stand,
To wait for the one who is always late,
If I can stand,
The fever that warms my mind,
If I can stand,
I will learn that the wind,
Will lay down,
That rain will melt,
That time is a gift,
And that the fever,
Has no reason to stay.

내 얼굴에 몰아치는 매서운 바람을
견딜 수 있다면,
내 어깨에 떨어지는 얼음 같은 비를
견딜 수 있다면,
항상 늦는 사람을 기다리는 일을
견딜 수 있다면,
내가 정말 견딜 수 있다면,
내 마음을 따뜻하게 만드는 열기를
견딜 수 있다면,
바람은 잠잠해질 것이고
비는 녹을 것이고
시간은 선물이며
열기는
계속될 이유가 없다는 걸
알게 될 텐데.

You preferred not to answer,
But you did.
I could read your lips,
You were longing,
But not for me.

넌 대답하고 싶지 않았지만
대답해줬어.
네 입술을 읽을 수 있었어.
넌 간절히 바라고 있는데,
그게 내가 아니었구나.

I'm so empty.

The eagle was moving
In front of my eyes.
You sitting next to me,
But belonging
To another world.

난 완전히 텅 비었어요.

독수리가 날아가고 있었죠.
바로 내 눈 앞에서.
당신은 내 옆에 앉아 있어요.
하지만 당신은
다른 세상에 있군요.

You hurt me endlessly,
Like no one else.

You tortured my mind
Too many times.

I walked,
I stumbled,
I ran
After you.

Although I love you
More than I can admit,
I know my body
Won't float
On troubled water.

다른 누구도 아닌
네가 끝없이 날 아프게 했어.

너무나 많이
내 마음에 상처를 남겼어.

난 걸었고,
휘청거렸고,
널 따라가려 했지.

생각보다 훨씬 더
널 사랑하지만
난 알아
내 몸은
불안한 물에서는
뜨지 않을 거란 걸.

Yesterday
I could read it.
You don't love
Me.
No words
Were needed.
The air spoke
For you.

어제서야
나는 알게 됐어.
너는
나를 사랑하지 않아.
어떤 말도
필요치 않았어.
공기가
대신 말해주더라.

Embraced by love,
You took my last breath.

사랑으로 감싸여
당신은 나의 마지막 숨을 가져갔어요.

My mind convinced my heart,
I won't see you anymore.
You take all my energy,
And I can't explain
Why.
You just suck everything
Out of me.

내 마음이 내 심장에게 확실히 말해줬어
더 이상 너를 보지 않겠다고.
넌 나의 에너지를 전부 가져가는데
난 왜 그런지
설명할 수도 없어.
넌 그저 내게서
모든 걸 가져가버려.

I promised
To honor you
When the devil surrounded us.

I will only think
Good about you.

I should have known,
I should have known
That you are not part of
This world.

My legs tremble,
Violence was feeding them.

악마가 우리를 둘러쌌을 때
나는 당신을 따르기로 약속했어요.

나는 당신의 좋은 점만
생각할 거예요.

알았어야만 해요.
알았어야만 해요
당신은 이 세상의
일부가 아니라는 걸.

다리가 휘청거려요.
격렬함이 가득했었나봐요.

It's so cold
Inside of you.

No fire,
Impossible to
the light.
No brightness,
No sun.

You just left
The last room
Of your
Own self.

정말 춥군요
당신의 속은.

불도 없이,
빛으로
향할 수도 없는,
밝음도,
태양도 없는 그곳.

당신은
자신의
마지막 방에서
지금 막 떠났어요.

Forgive me,
But I can't meet you
There anymore.
That place was
Once for us.

미안하지만
이젠 더 이상
너를 거기에서 만날 수 없어.
한 때는 우리 둘을 위한
곳이었으니까.

It's too late
To hold onto me.
You are dangerously
Sensitive.

나를 붙잡기엔
너무 늦었어.
넌 위험할 정도로
예민해.

Come in.
Come to me,
And hold me.
I need your arms.
I'm so lost.

어서 와.
이리로 와서
나를 안아줘.
너의 팔이 필요해.
난 정말 어쩌면 좋을지 모르겠어.

Old wounds burn
Even when I touch you.
Your skin will have to forgive me.

내가 당신에게 닿기만 해도
오랜 상처는 타듯이 아픈 법이죠.
당신의 피부는
나를 용서해야만 할 거예요.

Survey the unknown.
I'm not the same anymore.
I grow,
Faster,
Stronger,
More intense,
Deeper.

I'm even sure,
That I'm the same anymore.

모르는 사람을 보고 있는 거예요.
난 더 이상 같은 사람이 아니예요.
난 성장하니까.
더 빨리,
더 강하게,
더 강렬하게,
더 깊이.

이제 예전과 같다고
확신할 수 있어요.

The vanity of the air
Balances on the embalming our time.
Hidden conversations
Melting under
The eastern sun.

Your words,
As empty as the air,
Your dark soul
Obscures
The living.

Suffering from emptiness,
A heavy weight
On my beloved soul.

허무한 공기가
박제된 우리의 시간 위에서 균형을 잡는다.
숨겨진 대화는
동쪽 태양 아래
녹아가고

공기처럼 텅 빈
너의 말,
너의 어두운 영혼은
살아있는 자들을
흐릿하게 만든다.

공허함에 고통 받는
내 사랑하는 영혼에
눌리는 무게감.

Through space,
Through time,
Through thoughts,
Through,
I walk.

A time-lapse of dreams,
Recalling the forgivable,
Hard stones
Softened by the river.

The echo of
A thrilling voice,
From nothing.

공간 사이로
시간 사이로
여러 생각 사이로
그저 어딘가 사이로
나는 걷는다.

시간이 지나버린 꿈은
용서받을 수 있는 자들을 소환하고
굳은 돌들은
강물에 부드러워진다.

난데없는
흥분에 찬 소리가
메아리친다.

Blue night,
Falling slowly
On the shoulders of time,
Trickling down my spine,
A wild climber
Dancing around my ankles,
Attaching me
To nature's deepest feeling.

Naked, I am.
Unjudgeable,
As free as I am.

시간의 어깨 위로,
내 척추를 따라
간지럽히며
천천히 내려앉는
우울한 밤

발목 주변에서 춤추며
자연의 가장 깊은 감정으로
나를 이끄는
야생의 동반가

벌거벗은 나는
자유로운 만큼
판단할 수 없는 존재.

Flashbacks of tears,
Returning emotions,
Forced to forget.

Without pain,
I would not
Have known
How to love.

느닷없는 눈물의 기억에
억지로 잊어야 했던
감정이 돌아온다.

고통이 없었다면,
나는 결코 사랑하는 법을
알지 못했을 거다.

I don't need to hear
Your voice,
It's simply in me.

I don't need to smell,
It's all in me.

I don't need to listen,
I know your words.

And, I have
No questions anymore.

Because, I know.

너의 목소리를 들을 필요 없어
내 안에 있으니까

너의 향기를 맡을 필요 없어
모두 내 안에 있으니까

너의 말을 들을 필요 없어
너의 말을 내가 알고 있으니까

그리고 …
더 이상 질문은 없어

왜냐하면, 나는 답을 알고 있으니까.

When some seconds
Last longer
Than a minute.

When the air moves
Slowly through the room,
As if it might fall
At any moment.

When raindrops seems
Too small to get wet.

When your lungs
Can't follow
The stream of your blood.

When wild thoughts
Come back
Like a *déjà vu*.

When tomorrow
Drives away.

Lean back,
Embrace yourself,
Nothing is eternal.

몇 초의 시간이
1분보다
더 오래 계속될 때

방 안의 공기가
마치 아무 때나
무너져내릴 듯이
천천히 움직일 때

빗방울이 너무 작아
아무것도 적시지 못할 것 같을 때

너의 폐가
몸에 흐르는 피의 속도를
따라갈 수 없을 때

상상으로만 하던 생각이
데자뷰처럼
다시 돌아올 때

내일이
사라져 버릴 때

그 땐, 편히 기대어
너 자신을 안아줘.
영원한 것 없으니까.

The wind,
The mountains,
The sea,
The trees,
They all know.

Listening to the wind,
And the forgotten words.

And you will know.

바람
산
바다
나무들
그들은 모두 알고 있어요.

바람 소리와
잊혀진 말들을 듣다 보면

당신도 알게 될 거예요.

I hope that we will find a way
To walk side by side,
Accepting that falling is part of the journey
And healing is an intense and
Careful process
That involves understanding.

우리가 나란히 걸을 수 있는
방법을 찾았으면 좋겠어.
떨어짐도 여정의 일부임을,
치유는 강렬하고 조심스러운,
이해가 필요한 과정임을 받아들이면서.

A man began a long journey.
He walked through the mountains,
One step after another, until exhaustion.

With every step he took,
Day after day,
His knowledge grew,
His understanding shaped,
Questions raised.

Nature, mind and soul
Found a common language
Far beyond the notion of time.

한 남자가 긴 여행을 떠났어요.
산 너머 산을 넘어
한걸음, 한걸음 지칠 때까지 걸었죠.

내딛는 발걸음마다
하루 또 하루
그의 지식은 자라고
이해심은 형태를 갖추고
질문은 쌓였어요.

자연, 마음, 영혼은
시간 저 너머 존재하는
하나의 공통된 언어를 발견하게 되었죠.

Finally, my emotions let me watch the film again.
After an untranslatable liberation of feelings,
All of them too personal,
I had hoped that they would fade away,
Like the time that passed by.

However, it's impossible to cheat your mind and,
Even more testing, the invisible heart of your soul.
That struggle opened my eyes.

The film was black, no images, no sounds...

For the first time I knew
How to see through the darkness.

I could see the mountains standing firm,
Growing fast in the shadow of memories.
But, they were there,
Present, as present as she was.
The woman who left but never came back.
Her voice guided you
To understand
The deepness of losing,
Of losing yourself.

드디어, 내 감정이 그 영화를 다시 볼 수 있게 됐어.
너무나 개인적인
이해할 수 없는 감정이 자유롭게 된 후로는
다 사라지길 바랐었지
이미 지나간 시간처럼.

하지만 너의 마음을 속이는 건 불가능해
보이지 않는 네 영혼의 심장은 계속 시험하며
사력을 다해 내 눈을 뜨게 했지.

그 영화는 암흑이었어, 이미지도 소리도 없는…

나는 처음으로
어둠을 꿰뚫어 보는 법을 알게 됐어.

기억의 그림자 속에서 성큼 자라서
굳건히 서있는 산도 보았지.
하지만 기억은 그곳에 있었어.
그녀가 있었던 것처럼 바로 그곳에.
떠났지만 다시는 돌아오지 않은 그 여자.
그녀의 목소리가
상실의 깊이를,
너 자신을 잃는 것이 뭔지
이해할 수 있게 해주었지.

Seriously, she said,
The girl can see them.
But we can't.

We all have this ability to see.
Believing in seeing it through.

진짜예요, 그녀가 말했죠.
저 소녀는 그들을 볼 수 있어요.
하지만 우리는 못 봐요.

우리 모두 그들을 볼 수 있는 능력은 있어요.
꿰뚫어 볼 수 있다고 믿기만 하면 말이죠.

Depending on how you stand
In the sun,
The shadow can be behind you,
Or, in front of you.

네가 태양 아래
어떻게 서있느냐에 따라
그림자는 네 뒤에,
또는 네 앞에 생길 수도 있어.

I wrote about you,
But you will never know
I wrote about the love that
Breathes out of pain.

너에 대한 글을 썼어
하지만 넌 절대 알지 못할 거야
내가 쓴 건 고통으로 숨쉬는
사랑에 대한 글이거든.

You spoke
Without words,
An invisible smile,
Your eyes crossed mine,
Reading your thoughts.

넌 아무 말없이
내게 말했어
보이지 않는 미소로.
네 생각을 읽고 있는
내 눈이 네 눈과 마주쳤지.

The water
Won't flow anymore
Through my fingers.

Today you died,

You passed away.

물은
더 이상 흐르지 않을 거예요
내 손가락 사이로는.

오늘 당신이 죽었어요.

먼 곳으로 떠나버렸어요.

I love you more than anything else in the world.
With my love, I could illuminate the darkest universe,
I could release more oxygen than a thousand rainforests,
I could lift up the desert and turn the sand into the most fertile garden ever,
I could convert water into ice and ice into water,
I could embrace the whole earth and make it start spinning the other way round.

I'm just true love.

It runs through my whole body.
Every breath I take multiplies the intensity.
I feel you and I always will,
Even when you are ten thousand miles away from me.

Now I know that I've met you before in other Worlds,
And I know that I will meet you again in the next life.

We are unconditionally committed to love…
But right now, it's impossible for us to become one.
It's still too early… the feeling is too deep, too pure,
Too intense.
It will burn us both… I have never been so sure…
I will never love anyone more than I love you…

이세상 누구보다도 너를 사랑해.
내 사랑은 가장 어두운 우주도 밝힐 수 있고,
거대한 열대우림보다 산소를 더 많이 내뿜을 수도 있어.
사막을 들어내 모래밭을 세상에서 가장 비옥한 동산으로 바꿀 수도 있고,
물을 얼음으로, 얼음을 물로 바꿀 수도 있어.
지구를 두 손으로 들고 반대로 돌게 만들 수도 있다니까.

나는 진실된 사랑 그 자체야.

사랑은 나의 온 몸에 흐르지.
내쉬는 숨마다 강렬함은 더해지고.
나는 너를 느끼고, 앞으로도 언제나 그럴 거야.
네가 아주 멀리 떨어져 있어도.

예전에 너를 다른 세상에서 만난적이 있다는 걸 알아.
또 다음 생에서 너를 다시 만날 것도 알아.

우리는 사랑에 조건 없이 헌신적이야…
하지만 지금은 우리가 하나가 되는 건 불가능해.
아직은 너무 일러… 감정은 너무 깊고, 너무 순수하고,
너무 강렬하지.
우리 둘을 다 태워버릴 기야… 이점만은 확신할 수 있어…
나는 다른 누구도 사랑하지 않을 거야
내가 널 사랑하는 것 이상으로는…

내 입술에 내려앉은 나비

Alisa Kanti
After several years of traveling, Alisa Kanti decided to settle down and we could say that the city of Barcelona chose her. Her poems were dancing in her head years before, taking form in the notebook of her mobile phone, over WhatsApp and the messages she was sending to her friends. One day, her closest friend encouraged her to share them with the rest of the world. From that moment on, the first book of poems, *You Touched Me Deeply*, came together. It is based on a personal story– one of the most intense love stories she ever had. Her poems are written inspired by real life. She does not want to write about herself, instead she tries to translate her feelings into words that can be read and shared by others. Her poetic voice is powerful, passionate, direct, personal and female.

On walks along the beach, waiting for the next train or bus, running through the woods, queuing in the supermarket or just waiting for a friend, she continues her walk through the liquid landscape of feelings by writing her second book *Butterflies On My Lips / Butterflies On Your Lips*.

알라사 칸티

몇 년에 걸친 여행을 마친 후 알리사 칸티는 정착하기로 마음먹었다. 아니, 바르셀로나가 그녀를 선택했다고 할 수 있다. 알리사의 시는 이미 오래전부터 그녀의 머리속에서 춤 추고 있었고, 휴대폰 메모장에서 형태를 갖춘 뒤 왓츠앱과 문자 메시지를 통해 친구들에게 보내졌다. 그러던 어느 날 알리사의 친구는 이 멋진 시들을 다른 사람들도 함께 하면 좋겠다고 제안했다. 그 이후로 알리사의 시는 하나로 묶여 첫 번째 시집 *You Touched Me Deeply*가 출간되었다. 이 시집은 알리사의 개인적인 이야기, 그 중에서도 가장 강렬했던 사랑 이야기를 다루고 있다. 알리사의 시는 실제 삶에서 영감을 받아 쓰여진다. 알리사가 쓰고 싶은 시는 자신에 관한 것이 아니다. 오히려 자신의 감정을 다른 사람들이 함께 읽고 나눌 수 있는 말로 표현하려고 노력한다. 시에서 느껴지는 알리사의 목소리는 힘이 넘치고, 정열적이며, 직접적이고, 개인적이면서 여성스럽다.

해변에서 산책하는 길에, 기차나 버스를 기다리는 동안에, 나무를 어루만지다가, 수퍼마켓에서 줄서 있다가, 친구를 기다리는 동안⋯ 알리사는 청아한 감정의 풍경 안에서 끊임없이 거닐며 자신의 두번째 시집 〈내 입술에 내려앉은 나비(*Butterflies On My Lips*)/네 입술에 내려앉은 나비(*Butterflies On Your Lips*)〉를 썼다.

Printed in Great Britain
by Amazon